広島の愛しの

かき氷

園田美穂 著

はじめに

かつて、私もかき氷と聞いてパッと浮かぶのは「夏」くらいのものでした。

しかし、食べ歩き始めてみると種類はもちろん、蜜へのこだわり、
氷の削り方やそれに付属するトッピングのバリエーションが
とんでもなくあることを知ってしまったのです。

かき氷は見た目の美しさも魅力的で、すぐに食べなければ溶けてしまう儚さもまた魅力。
その奥深さは果てしなくて、お店それぞれに個性があり、一つとして同じものはありません。

そしてもちろん広島にも、たくさんのおいしいかき氷を食べられるお店があるのです。
私が実際に食べに行っておいしかったかき氷を共有して、
「広島にもこんな素敵なかき氷のお店あるのだ！」と知っていただき、
“広島のかき氷”を満喫するきっかけにこの本がなると、とても嬉しいです。

目　次

尾道市

● **海外のかき氷食べてきた！**

福山市

本書の読み方

1 エリア
2 店名
3 品名
4 品の特徴
5 店舗データ

- …お店がある住所
- ☎…店舗の電話番号（または本社への電話番号）
- ㊪…お店の開閉時間
- ㊡…お店の休み
- Ⓢ…お店を紹介している各SNSの有無を記載。ある場合は下記アイコンで Instagram Facebook Twitter

甘党 はち乃木

あまとう はちのき

宇治金時（850円 ※練乳・白玉・バニラアイスをトッピングした場合）

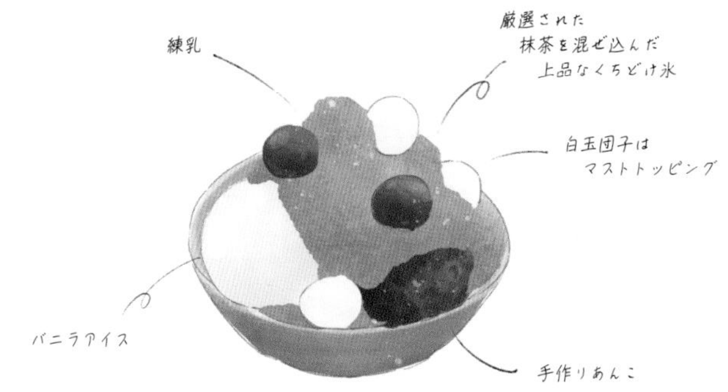

老舗ならではの上品な味わいにうっとり

広島に昔から住んでいたら知っている方も多い老舗の甘味処『甘党はち乃木』。昔の店舗時代から通っているのですが、はち乃木の氷といえば、「宇治金時」。お店の形態は変わったのですが、先代の作り方をそのまま引き継がれていて、味はそのまま。細かく砕けたくちどけ良い氷に厳選した抹茶の粉末を混ぜ込んだ、少し舌ざわりのある氷はどこか懐かしく感じます。そして、上品な味わいにうっとりです。私は練乳と白玉をトッピングして食べるのがお気に入りです！　さらに甘味処だけあって白玉団子もモチモチなんです！　私はマストで白玉をオンしちゃいます。オンラインでも販売しているので、広島を遠く離れたはち乃木ファンは要チェックです。

Data
広島市中区堀川町5-7　☎082-247-2711
営11:00〜21:00　休不定

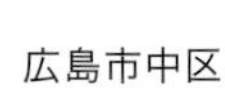

ウサギヤサロン

うさぎやさろん

プリンと焦がしキャラメル＆塩ミルク（1280円）

まるで芸術品のように佇むかき氷

アンティークな雰囲気のおしゃれなカフェ。かき氷は毎年グレードアップされていて、どんどんゴージャスになっていきます。まるでパフェのようなプリンがどーんと上に乗った迫力満点のかき氷は、写真を撮らずにはいられない映えること間違いなしのフォルム。シロップのあいがけ具合や色使いだったり、登場した瞬間「わぁ！」と歓声があがる、もはや芸術品です。旬のフルーツはもちろん、リキュールやスパイスなど色んな要素が組み合っているので、最後まで変化する味わいを楽しむことができます。このプリンのかき氷は、ふわっとクローブの香りが。香りにまでこだわる『ウサギヤサロン』。かき氷提供期間はSNSでチェック！　その期間は月替わりで新作が登場します♪

Data

広島市中区鶴見町6-12　☎050-1345-3055
営11：00〜17：00、土・日曜13：00〜17：00　休月・火曜　Ⓢ

御菓子司みよしの

おかしつかさ みよしの

宇治金時（770円）

計算しつくされた上品なかき氷

八丁堀にありながら、その喧騒さを感じさせない昭和２６年創業の老舗和菓子屋さん。喫茶コーナーもあり、お茶と一緒においしい生菓子をゆっくりと楽しめます。夏季限定のかき氷は、自家製のシロップでイチゴや金時など定番のものから、抹茶の氷にくずまんじゅうが入った和菓子屋さんならではのメニューも。「宇治金時」はシンプル・イズ・ベスト。上質な抹茶を混ぜ込んだ氷がこんもり乗る下には粒餡を挟み、さらにその下には素氷が隠れています。シロップをかけずとも、この上の抹茶氷と口当たりのいい餡が相まって、さらに素氷が混ざることで絶妙なバランスになるという仕組みになっています。シンプルでありながら計算づくしのかき氷は、上品な味わいでありました。

Data

広島市中区八丁堀8-3　☎082-221-3441
㊢10：00～18：00（喫茶11:00～LO17:00）　㊡日曜

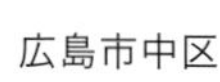

御菓子所 高木 十日市本店

おかしどころ たかき とうかいちほんてん

黒蜜金時（880円）

シンプルかつ上品な味わい

広島市中区十日市にある老舗の和菓子屋さん。繁華街にあるお店としては落ち着いた雰囲気で、とても静か。喫茶コーナーには中庭があって、街中にいることを忘れてしまいそうです。こちらで食べた「黒蜜金時」は、暑い日にシャクシャクと食べたくなるかき氷。手作りの黒蜜は、コクのある程良い甘さで、すっきりとした後口です。そして、豆の存在感が感じられるしっかりめの粒餡が、とにかくおいしい！　やはり老舗の和菓子屋さんの粒餡は間違いないです。氷はシャリシャリ系ですが、暑さで火照ったときに食べるこの氷は格別です。他にもフルーツが乗ったしろくまや、定番のイチゴのかき氷もラインアップに。老舗ならではのシンプルかつ上品な味わいが特徴です。

Data
広島市中区十日市町1-4-26　☎082-231-2121
㊔10：00～17：00（LO16:30）　㊡1月1日　Ⓢ

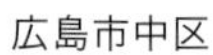

キプフェル

きぷふぇる

和栗クリームのかき氷 ラムレーズンモカ（ドリンクや食事とのセット料金 ※時価）

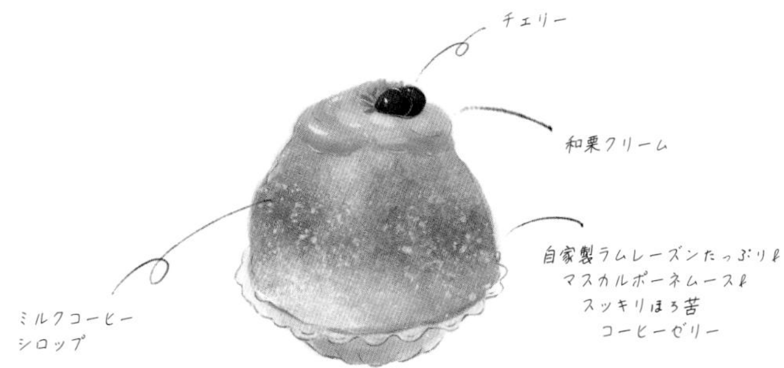

見た目に感動、食べて感動のかき氷

広島のカフェ好きで知らない人はいないかもしれない人気のお店。店主のこだわりと愛情が注がれた、心して食べたくなるランチやパフェも魅力ですが、やはり夏のかき氷は外せません！　丁寧に作られたシロップやクリームなど工夫を凝らしたかき氷は、見た目からとても素敵。色んなパターンがありますが、アイスクリームがサイドにポンっとついているフォルムのかき氷をはじめて見たとき、どうして落ちないのだ！　って不思議でした。そしてもちろん味も最高！　キプフェルさんは素材の合わせ方が面白くて、これとこれが合うのかと食べた瞬間目がパチっと大きくなるほど感動。昔食べた甘夏とほろ苦キャラメルの組み合わせは今でも忘れられない味です。

Data
広島市中区 国泰寺町1-10-20 下田ハイツ1B　☎082-241-0078
㊖提供内容により異なる ※完全予約制　㊡不定　Ⓢ

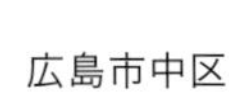

京甘味 文の助茶屋 そごう広島店

きょうかんみ ぶんのすけちゃや そごうひろしまてん

祇園しぐれ（913円）

宇治金時に寒天のアクセント

京都東山発祥の『文の助茶屋』さん。広島は『そごう』の中にあり、買い物途中の奥様方でいつも賑わっています。また、年中かき氷が食べられるので、かき氷好きにはありがたいお店です。オススメは「祇園しぐれ」。純氷をふわっと削った氷に、店で手作りされた定番の宇治抹茶蜜がたっぷりかけられていて、上には抹茶のソフトクリームが。しっかりした小豆の餡がたっぷりかかっている特別な宇治金時です。さらに、文の助さんの特徴でもある寒天が美味！　あんこ、白玉、寒天、宇治蜜、黒蜜、白蜜はすべて店内で手作り。できたてを味わうことができる。お店の名前が使われた「文の助氷」には、わらび餅がトッピング。きな粉とかき氷の相性もまた格別です。

Data
広島市中区基町6-27 そごう広島店5F　☎082-502-6641
㊖10：00〜20：00（LO19:30）　㊡（そごう広島店に準ずる）　Ⓢ

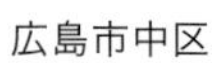

コオリヤユキボウシ

こおりやゆきぼうし

杏仁宝石箱（1300円）

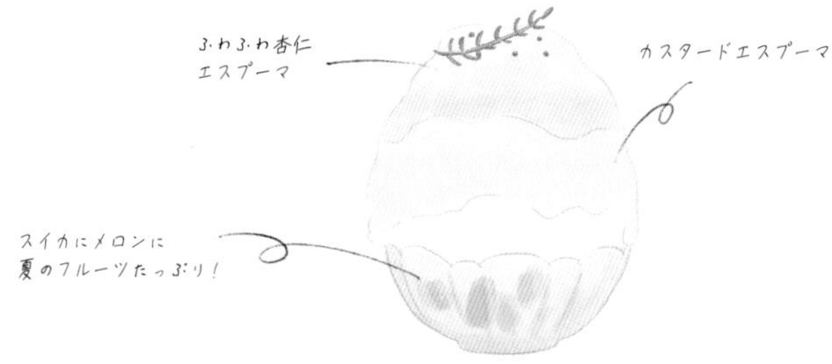

広島のかき氷専門店といえば、ここ！

かき氷は一年中食べられるスイーツと広島で認識させてくれたお店。その時々のおいしいフルーツや食材を使って作るシロップは、どれも絶品。私の知る限り、広島でエスプーマのかき氷を出されたのは、おそらくコオリヤユキボウシさんが初めてかもしれない。定番メニューの「ユキボウシ」は、たっぷりとヨーグルトエスプーマが使われ、四国で有名なカラフルなお菓子「おいり」が散りばめられていて見た目にも可愛いオススメの氷。季節限定のパフェのようなかき氷や、意外性のあるヴィシソワーズ風かき氷、さらに、地元カープやサンフレッチェをモチーフにした氷もあって、メニューの選択肢が豊富で、いつも迷っちゃいます（笑）。

Data
広島市中区紙屋町1-4-11-2 紙屋町の家　☎082-248-2810
㊔11：00〜20：30（夏季は10:00〜）　㊡不定休（夏季は無休）　Ⓢ

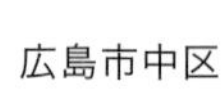

小春カフェ

こはるかふぇ

梅ミルク（800円）

ふんわりと削り重ねられたスタイルにうっとり

中区にあるレトロな雰囲気が魅力的なカフェ。猿猴橋に以前あった、知る人ぞ知るお店『甘党たむら』のクリームぜんざいを受け継ぐお店でもあります。かき氷はシンプルなシロップ系のかき氷。オススメは「梅ミルク」！　まるで入道雲がもくもくと盛り上がったかのようなふんわりと削り重ねられた氷にうっとり。このフォルムがたまりません。そして、シロップや練乳もお店で丁寧に作られていて、梅のシロップは南高梅を使っているそう。酸味がさわやかで、梅の風味もしっかり活かされ、さらにそこにかかる練乳との相性がバツグンに良くて、一口食べた瞬間おいしすぎて驚いて横揺れしたほど。他にもイチゴやレモンミルクなど魅力的なシロップも。

Data
広島市中区榎町11-1 石田ビル1F　☎082-942-5861
㊢11:30〜16:00　㊡木・日曜

茶房つるや

さぼうつるや

雪いちご（1100円）

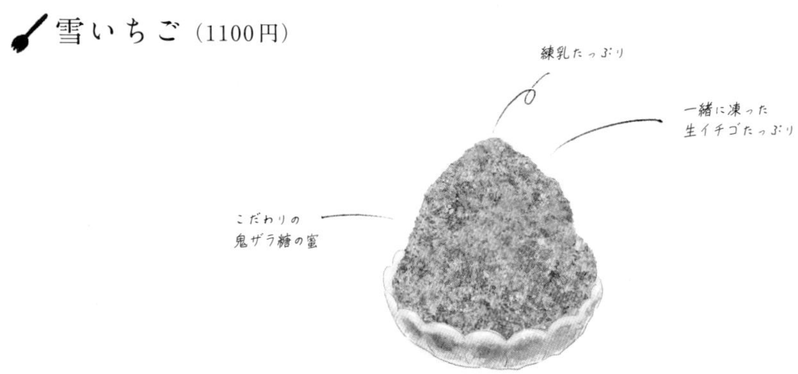

イチゴ好きのためにあるかき氷

広島市中区袋町にある和菓子店。本格和菓子をいただけるカフェでは、定番のおしるこやクリームあんみつはもちろん、ユニークなみたらし団子パフェなど老若男女問わず楽しめるお店です。かき氷は、定番の「宇治金時」や氷ぜんざいもあり、わらび餅セットにするとハーフサイズの選べるかき氷とわらび餅が付いてきますよ。その中でもオススメは「雪いちご」。生のイチゴを浮かべて作った氷を削るので、そのままイチゴもスライスされてあり、よりイチゴの風味を堪能できます。さらに、最高級のざらめ「鬼ザラ糖」で作った蜜と練乳で贅沢な仕上がり。イチゴ好きには嬉しいこだわりかき氷です。「鶴や餅」という、透明で、まるで水のようなお餅もオススメ♪

Data
広島市中区袋町4-5 渡辺ビル1F　☎082-245-2680
㊔11：00〜18：30　㊡なし　Ⓢ

MELANGE De SHUHARI Creperie

めらんじゅ どぅ しゅはり くれーぷりー

ミルクミント（880円）

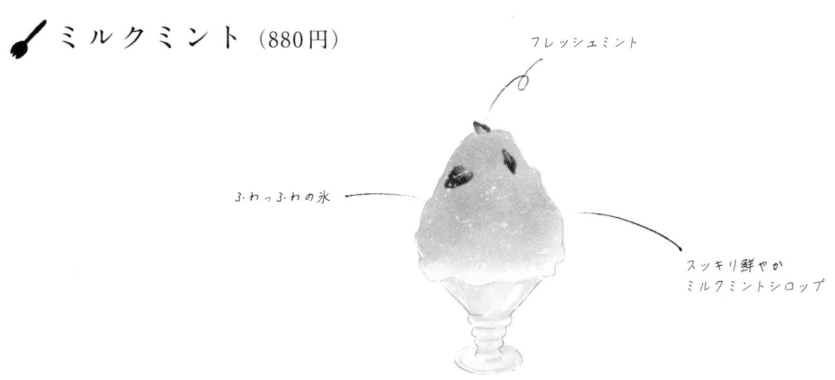

スイーツ店ならではの充実したシロップ

マカロンやガレット、パンケーキやパフェ、クレープなどお馴染みの『メランジュドゥシュハリ』さんのカフェ。広島ではまだかき氷がそこまで盛り上がっている状況ではない頃から、ミントのかき氷を出されていて、地元で「ミントのかき氷を食べられるなんて！」と、嬉しくて歓喜した思い出のかき氷です。氷もふんわりとやわらかく削られて、ミルクの甘味とミントの爽やかさが相まってすっきりとした味わいを楽しめます。そしてスイーツのお店だけあって、シロップのラインアップが魅力的。ベリーやマンゴーなどシンプルなものから、ピスタチオやブランデーを使ったものなど期間限定のシロップもあり、工夫が凝らしてあって素敵なんです♪

Data
広島市中区本通9-19-3F ☎082-258-1010
㊚11：30〜19：00 ㊡なし Ⓢ

you-ichi

ゆーいち

ラズベリー＆ピスタチオ（990円）

おいしくて斬新なアイデアかき氷

セパレートな色合いが美しいジャム「TOY JAM」など、洗練された商品を全国展開しているお店。「日常にもっとワクワクを」がコンセプトなだけあって、味はもちろんデザインにもこだわりや遊び心があり、私もファンの一人です。そんなyou–ichiさんのかき氷は、「ラズベリー＆ピスタチオ」のかき氷。定番のジャムでもおなじみの組み合わせで、ピスタチオクリームをジャムにする手前で止めてシロップにしてあり、中にはラズベリージャムを。ラズベリーのプチプチとした食感と酸味がまたアクセントになっておいしい。この組み合わせ最高です♪　そして、さらにレモンゼリーとパンナコッタが忍ばせてあるので最後まで楽しめます！

Data

広島市中区十日市町2-3-2-1F　☎082-961-3808
㊢11：00〜16：30　㊡火・水曜　Ⓢ

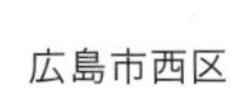

こふじもち 横川

こふじもち よこがわ

氷ショコラ（880円）

チョコとココアに練乳たっぷりの最強氷

横川駅の南口を出て、商店街を歩いてすぐ近くにある甘味処。和菓子もおいしいけど、わらびもち、あんみつ、こちらもオススメ！　いつ行っても賑わっています。店頭販売をしているおはぎやお団子のほか、もちろんかき氷もオススメ。中でも、フワフワ氷に濃厚なチョコレートシロップとココアがかかった「氷ショコラ」が、私の推し氷。練乳がたっぷりかかっていて、氷を食べ進めていくとソフトクリームが登場。もう食べ応え充分です！　ほんのりときな粉がかけてあり、それもまたアクセントになっています。そして、甘味処といえば団子！　白玉団子はマストでトッピングです。 かき氷を食べたついでに、おはぎや抹茶白玉をお土産にするのもgood！

Data

広島市西区横川町3-3-1　☎082-295-7747
㊞9：00〜18：00（売り切れ次第終了）　㊡日曜　Ⓢ

台湾家庭料理 黄さんの家

たいわんかていりょうり こうさんのいえ

マンゴーかき氷（1480円 ※普通サイズ／800円 ※ハーフサイズ）

台湾気分を味わいながらかき氷をほおばる！

広島で本格台湾料理が楽しめる『黄さんの家』。私が愛してやまない台湾は、かき氷が通年で食べられるかき氷天国です。かき氷好きにはたまらない国！　その本場の雰囲気をそのままにかき氷が食べられるとあって、台湾に居る気分になるのです！　ビバ台湾！　そんな場所でいただける氷は、おいしいフレッシュマンゴーがもりもりの定番メニュー。マンゴーは台湾から取り寄せているそうで、甘くてジューシーで最高です！　氷に味がついてあるのも台湾ならではです。緑豆やピーナツ・はと麦を甘く煮て、ドサっとかけられた四菓氷。ほんのりと甘く煮たピーナツの舌ざわりがたまりません。実は台湾でも食べましたが、豆とかき氷は合うんですよ（断言）。

Data

広島市西区楠木町3-16-2　☎082-239-1088

㊖11:00〜14:30、17:30〜21:30（金・土・日曜、祝日〜22:00）　㊡木曜（不定休あり）　Ⓢ

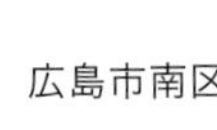

甘味処 さくら茶屋 福屋広島駅前店

かんみどころ さくらちゃや ふくやひろしまえきまえてん

こだわり抹茶氷（990円）

抹茶ファンにはたまらないかき氷

尾道が本店の『さくら茶屋』さん２号店は、福屋広島駅前店にあります。茶そばを使ったお食事メニューもあるのですが、やっぱり甘味処なので定番のわらび餅やお団子もオススメ！　こちらのかき氷のオススメは「こだわり抹茶氷」。とにかく抹茶づくしのかき氷で、シロップはもちろん、ソフトクリームもわらび餅も白玉もぜーんぶ抹茶！シロップは白蜜を手作りし、社長厳選の抹茶を使ったこだわり。あんこももちろん店内で丁寧に炊かれてあり、北海道の大納言を使用しています。さらに、上には抹茶パウダーがかけられていて、抹茶好きにはたまらないかき氷となっています。通年食べられるので、冬でもしっかりと楽しめます！

Data
広島市南区松原町9-1 福屋広島駅前店4F　☎082-568-3430
㊊11：00〜18：00（LO17:30）　㊡福屋広島駅前店に準ずる　Ⓢ

園田美穂
監修

三原プロジェクト
オリジナルかき氷

2018年「三原市でしか味わえない、三原市ならではのかき氷を」というテーマを掲げ、ご当地かき氷のプロジェクトが始動。恐れ多くもその一員として私も参加することになり、かき氷の監修をさせていただきました。2020年で第五弾！ 期間限定ですが、たくさんの方に食べていただきました。そんな5つの三原だから食べられるかき氷をご紹介。

第1弾

Hiyashi Ame

三原ひやしあめ氷

「スマック」というクリームソーダを製造販売されている桜南食品さん。「スマック」は全国区だと信じていたほど、三原では馴染みのあるジュース。そんな桜南食品で販売されているこれまたお馴染みのレトロなコップに入った「ひやしあめ」。三原のソウルドリンクでかき氷が作れたらと提案し形になりました。「ひやしあめ」をベースに氷を作り、中には神明の里で人気の「みはらみるくソフトクリーム」。トップには、「ひやしあめ」で作ったゼリーをちりばめ、さぎしまかひねりという砂糖漬けを刻んでトッピング。ショウガ風味の甘すぎない氷とほろ苦柑橘ピールと相まってさっぱり頂けるかき氷。

第2弾

Yogurt

ミルクたっぷりヨーグルト氷

三原に工場のある山陽乳業の、「山陽牛乳」をたっぷり使用したミルクのかき氷。ただのミルクではなく、シェフのアイデアで少し塩が利かせてあってスッキリとした甘みに。トップにはこれまた山陽乳業のヨーグルトをソースにしてかけてあり、中にはミルクムースと、ローストしたクルミが入っています。さらに白あんを忍ばせて、食べながら驚いてもらえる構成にしました。

第3弾

アップルパイみたいなかき氷

果実の森のリンゴを使った氷の中には、フレッシュのリンゴも皮つきで一緒に凍らせてあるので、削るとリンゴの皮がちらちらとマーブルに見え隠れして、食べるとさらにジューシーさもでてリンゴが満喫できます。中にはおいしいクランブルに焼きリンゴ。底の部分にはカスタードを置いて、表面を少しキャラメリゼして香ばしさもあり、リンゴ飴のような風味も演出。ほんのりシナモン風味のハート型のサクサクパイがアップルパイ感をグッと引き上げてくれる見た目にも可愛いかき氷です。

Apple

第4弾

食べるミルクセーキ～島たまごおり～

三原市の佐木島で育てられているブランド卵“島たまご”を使ったミルクセーキ風味のかき氷。中にはホイップクリームを絞ってあり、アクセントでラム酒で漬けたレーズンが入っています。そして底には、こだわりの少し硬めな卵プリン。氷と混ざってしまわないよう、硬さにはこだわりました。ちょっと懐かしさを感じてもらいたくて、トップに絞った生クリームにはさくらんぼをちょこんと乗せ、サクサクビスケットを口休めにトッピング。ビスケットを最後に崩して混ぜて食べてもおいしいかき氷です。

Milkshake

第5弾

Grape

ぶどうミルク氷〜キラキラゼリーのせ〜

三原市はブドウ狩りも楽しめるんだぞ！ とアピールしたくてぶどうをチョイス。ミルクとブドウを合わせ、ブドウの粒も皮ごと一緒に入れて凍らせて、果実感のある氷に仕上げました。中にはこれまた旬な梨のコンポート。シナモンをしっかりきかせてあるので、後口すっきり。上にはたっぷり生クリームで土手を作って、食感かためとやわらかめをミックスしたゼリーを中央にたっぷりのせました。三原の秋の味覚を楽しめるかき氷です。

岩惣“玉氷”

いわそう“たまごおり”

瀬戸内ブルーベリーミルク（800円）

素材を生かしたこだわりかき氷

宮島の老舗旅館『岩惣』さんが、夏に展開する“玉氷”。かき氷愛に溢れた女将の名前を取って付けたとあって、こだわりを感じさせるラインアップが楽しめます。日本各地のかき氷を食べ歩いてきた女将が提案するかき氷は、氷の削りから丁寧。ふわふわっとふんわりこんもり削られてあり、もちろん口どけも最高。広島の旬のフルーツを使ったシロップもとってもおいしくて、素材の持ち味をしっかり生かした味わいが魅力。レモンのかき氷を食べたとき、甘味と酸味のバランスにほろ苦さがちゃんと加えられていて感動した記憶が。東京の有名店に削りの勉強をしに行かれたそうで、私自身、削るのは素人ですが、食べ歩いてきているので削りの大事さは分かります！

Data

廿日市市宮島町もみじ谷　☎0829-44-2233

㊖10：00〜17：00　㊡不定　Ⓢ

CAFE HAYASHIYA

かふぇ　はやしや

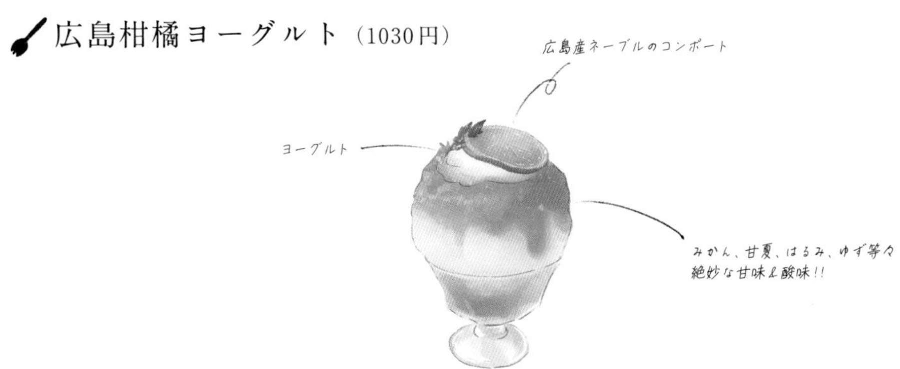

全国にファンがいる人気のかき氷

宮島の商店街を一本入った閑静な通りにある『CAFE HAYASHIYA』さん。おしゃれで居心地のいい店内は、いつも観光客で賑わっています。ランチやパフェなど品が色々あるカフェですが、夏はかき氷も大人気。地元の食材や名産品を使用したこだわりのシロップは、常に数種が用意されていて、どれも工夫を凝らしたものばかり。「広島柑橘ヨーグルト」は広島県産のかんきつを合わせ、ほろ苦さを活かして作ったシロップで、そこにヨーグルトの酸味を合わせるとお互いが引き立ってよりおいしいんです！　他にもバナナに藻塩や甘酒とチョコレートを合わせるなど、ユニークな組み合わせもとっても魅力的♪　全国のゴーラー（かき氷を愛する人）にも人気です！

Data

廿日市市宮島町町家通504-5　☎080-1932-0335

㊔11：00〜17：00（LO16:20）、土曜11:00〜17:30（LO16:50）　㊡水曜、火曜不定　Ⓢ

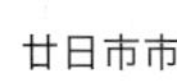

古今果

ここんか

足守メロンのかき氷（610円）

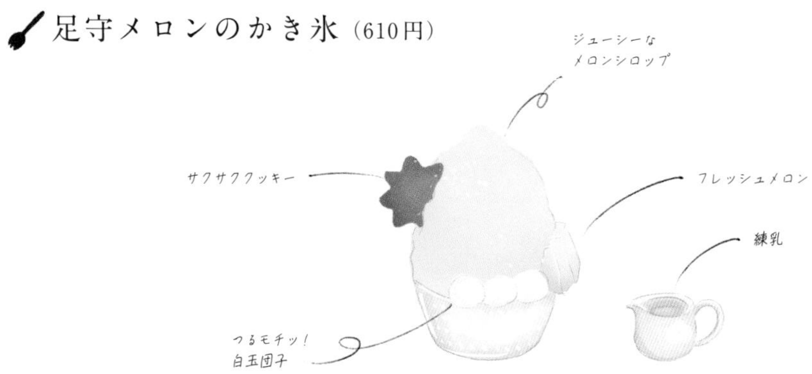

メロンそのものを味わえるかき氷

もみじ饅頭の老舗として名高い『藤い屋』さんが展開する和洋菓子店。宮島口にあり、2階がカフェで1階が菓子工房という、とても素敵なお店。私が食べたかき氷は、岡山県の足守メロンを使ったかき氷。氷はとてもやわらかくて、シロップがジュワっとしみこんで、口どけが良くてうっとり。香りも豊かで、メロンの甘さそのもの。一口食べた瞬間、そのままメロンを食べているような風味を味わえます。練乳も付いてくるので、途中で味の変化が楽しめるのも嬉しい♪　香ばしく焼いたクッキーは、かき氷の合間に食べると最高！　センスあるお土産として喜ばれそうな焼き菓子やケーキもオススメです。

Data
廿日市市宮島口1-12-5　☎0829-20-5670
㊢10：00～17：30　㊡なし　Ⓢ

甘加羅

あまから

コーヒーミルク氷（720円）

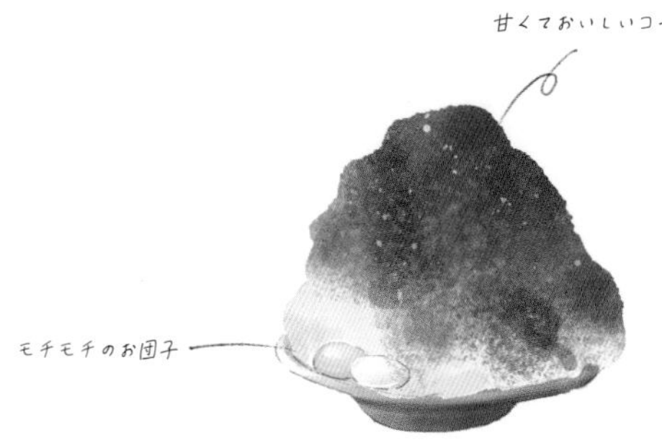

氷のスタイルが選べる甘味処のかき氷

うどんや甘味処として地元の方に愛されているお店。かき氷は氷を削ってシロップをかけるスタイルと、氷にシロップを混ぜ込んだ舌ざわりも滑らかな氷のスタイルがあり、その日の気分で選べるからかき氷好きにはたまりません！　お気に入りはコーヒーミルク。ふわっと削られた氷は口どけも良く、そこにどことなく懐かしい味わいのコーヒーミルクのシロップがたっぷりかかっています。そこへ紅白の白玉団子もトッピング♪　つるつるモチモチしていておいしかったなぁ。そして、こちらのうどんは細めんでスッキリとした出汁がおいしくてオススメ。どうしてか、かき氷を食べ歩いていると「うどんの出汁」だけが飲みたくなるので、そんな私にはぴったりのお店です。

Data

呉市中央3-10-1 呉市信用金庫ホール（文化ホール）2F　☎0823-21-6857
㊔10：00～19：30（LO19:00）　㊡月曜（祝日の場合は営業 翌日休み）　Ⓢ

カフェ不二

かふぇふじ

イチジク（1000円）

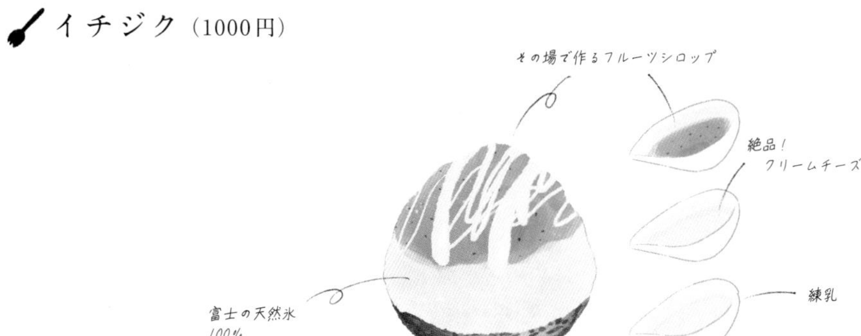

100%天然氷が味わえる！

呉市の中通りにあるかき氷専門店。使用する氷は、富士の天然氷100%！　店主が蔵元へ切り出しからボランティアに行かれているそうで、氷に対する愛情が伝わってきます。ゆえに氷のおいしさを堪能してもらいたいという気持ちから、シロップは実にシンプル。主にその時々の旬の果実を使い、果物によっては注文を受けてからその場で作り、氷にたっぷりとかけます。そんなフルーツのシロップも絶品ですが、私のお気に入りはクリームチーズのソース。とろとろのクリームチーズソースが、氷にもフルーツにもとても合います。そして、なんといっても氷の口どけが最高！　雑味がなく削りも丁寧でふわっふわ！　天然氷ならではのおいしさを存分に味わえます。

Data
呉市中通3-6-4　☎080-6331-8099
㊔11：00～19：00　㊡火曜　Ⓢ

seaside cafe ALPHA

しーさいどかふぇあるふぁ

スノーアイス マンゴーラッシー（1050円）

ゴロゴロと盛り付けられたマンゴー最高！

倉橋の桂浜にある海が見えるカフェ。こちらで食べられるかき氷は、台湾ではお馴染みのミルクを凍らせて削るスノーアイス。季節に合わせてシロップは変わるよう。たまたま食べに行った日はマンゴーのみの一択でしたが、もう見るからにそそるマンゴーのゴロゴロ具合よ。しかも、フレッシュマンゴー！　ずーっと眺めていたい……。台湾でおいしいマンゴーのかき氷を食べて以来だったので、感慨深い味わい。ヨーグルトのソースもかかっているので、さっぱりと食べやすくてとってもおいしかった。オーシャンビューの席でゆっくり味わいたいかき氷です。お店の定番メニュー「クランベット」というイギリス版パンケーキも楽しめます。これも、食べたけど絶品です！

Data

呉市倉橋町才の木576-7　☎0823-53-1311
㊄8:00〜17:00　㊡水・木曜　Ⓢ

天仁庵

てんじんあん

抹茶（780円）

シンプルで美しいかき氷

呉の音戸大橋を渡ったすぐたもとに位置する。呉服屋を改装し、レトロな雰囲気をそのままに残したお店です。氷もどことなく懐かしいイメージ。「いちごミルク」はふわっとこんもり削られた氷に、手作りのフレッシュな味わいのいちごシロップと、ミルクがたっぷりとかけられています。見るからにやわらかい氷は、口の中でスッとほどけて、思わず目を閉じて味わいたくなるおいしさ。「抹茶」も京都宇治で選んだこだわりのもので、濃厚で大人に嬉しいほろ苦さがオススメです。カフェでは、体に良い素材を厳選して作られたランチやデザートが人気。また、厳選された雑貨や無添加の調味料など、衣食住に寄り添った商品も置いてあるので、食事の後にゆっくり見るのも楽しい♪

Data
呉市音戸町引地1-2-2　☎0823-52-2228
㊔10：30～18：00　㊡木曜　Ⓢ f

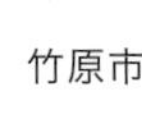

プリザードフラワー&カフェ 花みづき

ぷりざーどふらわーあんどかふぇ はなみづき

氷甘酒（495円）

3つの酒造銘柄から選べるかき氷

竹原の町並み保存地区にある喫茶店。こちらでオススメなのは、「氷甘酒」。甘酒を凍らせて作るかき氷なのですが、酒のブランドが充実した竹原とあって、竹鶴・幻・龍勢の３種の銘柄から選べるというのも面白い。お酒によって特徴があるそうで、私はフルーティーな龍勢をチョイス。かき氷にしては小ぶりだなぁと思って食べ始めたけど、これくらいで充分に満足できる濃厚な味わい。そのまま甘酒を楽しんでいるような仕上がりに感動です！　さらに、ただ凍らせているだけではなく、分離を防ぐために工夫をされているそうで、そのおかげかとても滑らかなか口当たりに。一緒にイチゴのソースとかりんとうが添えられてくるので、途中で味変させたりして楽しめますよ。

Data

竹原市本町3-10-39　☎0846-23-5457

㊔10：00〜17：00　㊡水曜　Ⓢf

雪月風花 福智院

せつげつふうか ふくちいん

果実氷り（1180円）

丁寧に作られているシロップと天然氷のコラボ氷

宿坊を修復した建物で日本茶や甘味を楽しめるお店。かき氷はお茶氷りと果実氷り。それぞれシロップの数を選べるのですが、間違いなくトリプルを選ぶことをオススメします。特に柑橘のシロップは様々な種類の柑橘をブレンドして作られているので、とても奥行きのあるおいしさです。そして、お茶の氷のシロップは、煎茶・ほうじ茶・和紅茶の３種。地元のお茶農家さんのこだわり茶葉を使用したもので、とても濃厚。シロップが氷に沈んでいかないよう、寒天を使ってとろみをつけるという心遣いもまた素敵なんです♪　両方にもついてくる黄金色の美しい氷蜜は、きび砂糖から丁寧に作られたものでカラメルの風味が懐かしい。氷は純度の高い天然水を使用しています。

Data

世羅郡世羅町甲山158-1　☎090-7286-9418
㊔10：00〜17：00　㊡火・水曜

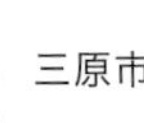

キッチン ルマーダ

きっちん るまーだ

島たまごおり（680円）

三原産食材を使ったご当地かき氷

『キッチン ルマーダ』では、期間限定販売するご当地かき氷があります。それ、恐れ多くもわたくしが監修をさせていただいております！「ふるさと三原の応援ならば！」と、ご当地かき氷を第5弾まで提案しました。どれもお気に入りなのですが、ここでは「島たまごおり」をチョイス。佐木島の放し飼いで育てられているブランド卵「島たまご」をたっぷりと使ったミルクセーキのような氷を削って作られたかき氷。底には少し固めの卵プリン、さらに生クリームとラムレーズンを忍ばせています。老若男女に愛されたくて、クリームをトップに絞り、さくらんぼをのせてレトロな雰囲気に。口がひんやりし過ぎたときは、添えてあるビスケットをサクッと食べるのがオススメです。

Data
三原市糸崎4-21-1 道の駅 みはら神明の里1F　☎0848-63-8585
㊮9：00〜18：00（LO17:30）　㊡第3火曜　Ⓢ f

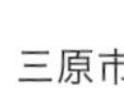

古民家カフェ むすび

こみんかかふぇむすび

いちごとベリーのかき氷（920円）

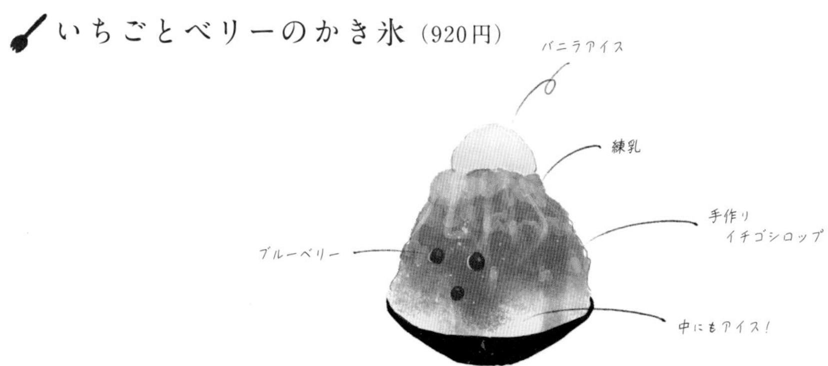

季節のフルーツシロップは甘すぎずオトナの味わい

三原市須波の海沿いにある古民家カフェ。古民家をリノベーションしている店内は床が畳で落ち着いた雰囲気。宿も一緒に経営されているむすびさんのカフェは、いつも予約がいっぱいで大人気です。夏は期間限定でかき氷が登場するのですが、シロップは旬のフルーツを使ってスッキリとした甘さに仕上げられています。氷もやわらかくておいしい！　店主に話を聞くと、氷を削るうちにどんどんと面白くなってきたそうで、氷のふわふわ感が昨年より何倍もアップしたそう！　常に、もっとふわふわを生かしたスタイルのかき氷を考案されているとのこと。これもまた楽しみ♪　お取り寄せできるバスクチーズケーキも名物で、販売した瞬間に売り切れるほど人気です。

Data

三原市須波1-2-19　☎0848-88-9155

㊔11：00〜16：00（LO15:00）　㊡月・火曜　Ⓢ

パティスリーコグマヤ

ぱてぃすりーこぐまや

いちごかき氷（600円）

まるでパフェのようなかき氷

広島県三原市にある老舗のお菓子屋さん。私が子どもの頃から馴染みのある老舗です。お店はイートインのスペースもあり、ケーキを買ってお茶をすることも可能。そこで食べられるかき氷は、お菓子屋さんならではのこだわりっぷり。例えば「パフェですか？」と聞き返してしまったほど素敵な盛り付けで登場したかき氷。そのかき氷は、フランス産のイチゴを贅沢に使って作られたシロップがかけられていて、氷の下にはバニラアイスとフィヤンティーヌというサクサクした生地が崩して入っており、食べるとケーキを食べているような至福な組み合わせ。おまけにトップにはフレッシュのイチゴと白玉団子がトッピング！

Data

三原市宮浦6-2-40　☎0848-62-2110

㊞10：00〜20：00、カフェスペース10:00〜18:00（LO17:00）　㉁水曜　Ⓢ HP

ゆめの木珈琲

ゆめのきこーひー

コーヒーぜんざい（803円）

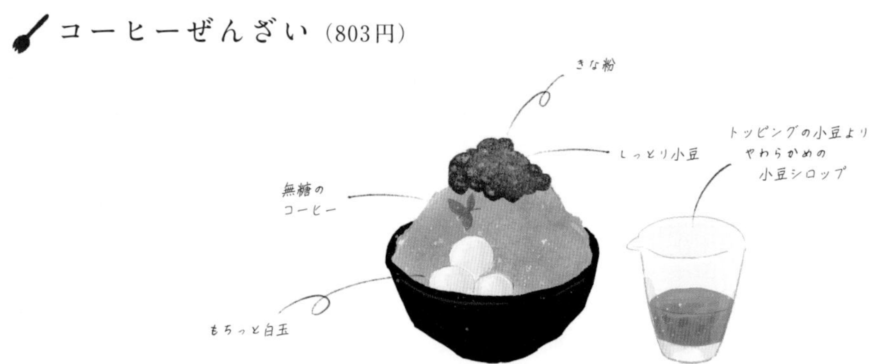

毎年コンセプトが変わる絶品かき氷

炭焼きコーヒーとワッフルで人気のお店。備長炭炭火コーヒーを注文したら、小倉トーストが付いてきてびっくり！　もちろん「得した！」ってペロリと平らげるのですが。そんなユニークなサービスも魅力なのですが、かき氷も魅力的。毎年どんなかき氷を作るかアイデアを出し合っているそうで、例えば「大人のかき氷」がコンセプトのときの「コーヒーぜんざい」というかき氷は、無糖のほろ苦コーヒーをたっぷりかけ、手作りの小豆シロップを好みでかけながらいただくというもの。上に乗ったトッピングの小豆とはまた別に、やわらかく煮た小豆をシロップにしてあるこだわりのかき氷です。その年ごとにユニークなかき氷が登場するので、食べる側も毎年楽しみ♪

Data
三原市円一町1-1-7　☎0848-64-0801
㊖8：00〜20：00　㊡なし　Ⓢ

海外のかき氷食べてきた！ その1

かき氷は歴史を紐解けば古代ローマまで行きつくというほど歴史ある食べ物です。氷を削って蜜をかけたもの。これはもう万国共通であります。日本のかき氷も網羅できていない未熟者ですが、海外のかき氷のリサーチもしてきました。

台湾 国が変わればかき氷も変わる

文化の違う国のかき氷はどんなものだろうと色々食べていくうちに、まずハマったのが台湾のかき氷。きっかけはハワイのスノーファクトリーというお店で食べたチャーミーというかき氷。いわゆる味のついた氷を削ったかき氷なのですが、色んなフレーバーの氷が用意されていて、組み合わせもたくさんありピーチとライチのチャーミーを頼んだらこれが驚くほどおいしい！ 調べたら台湾のかき氷と知り、「これは台湾に行かねば！」と訪ねてみたら、面白いかき氷が盛りだくさんでした。台湾では、伝統的なかき氷だとベースのシロップは黒糖シロップが主流。そこに甘く煮た緑豆やハトムギ、白キクラゲやタロと言う里芋を甘く仕上げてペースト状にしたものを好みでかけたものがあります。

御品元傳統手工元宵

台湾ならではといえば湯圓というデザートが定番ですが、それのかき氷版ともいえるのが【御品元傳統手工元宵（ユーピンユエンチュワントンショウゴンユエンシアオ）】というお団子屋さんの桂花綜合湯圓（冷）。もりもりの量のかき氷が器に盛られ、そこに熱々ゆでたてのお団子が上に乗っているのです！　テーブルに届いたとき、かき氷から湯気が立っているという、なんという“映え”でしょう！　それだけではなく、シロップがなんとキンモクセイ。このシロップが絶品で、キンモクセイの香りはもちろん甘さもすっきりとしていて本当においしい！　ゆでたて熱々の団子をハフハフと食べてキンモクセイの香りの氷で口を冷やすという素敵なルーティンにうっとり。ぜひ食べてもらいたい一品です。

熱々の団子が乗ったかき氷

御品元冰湯圓
台北市大安區通化街39巷50弄31號　☎+886-955-861-816

龍山寺の近くにある
老舗かき氷屋

龍都冰果専業家

パワースポットでおなじみの龍山寺の近くにある【龍都冰果専業家(ロンドゥビングオジュアンイエジャー)】では八寶冰が有名。日本でいえば、あんみつのような感覚だろうか。もちろんタピオカも乗っていて、見るからに満足度高め！ 上に氷をかけて、中に選んだ具がごろごろっと入っているスタイルも。

龍都冰果専業家
台湾台北市萬華區和平西路三段192號
☎+886-2-2308-2227

小時候冰菓室

懐かし系の中でも忘れられないのが台北にある【小時候氷菓室(シャオスーホウビングオシー)】。どうしてもこの組み合わせが食べたい！ と、しどろもどろで説明してやっと注文できたかき氷。シンプルなシャクシャク氷に黒糖シロップ。甘く煮た豆やピーナッツやハトムギにタロなどがボテンと乗り、中央に君臨するミルクプリン。これが、どこを食べてもおいしくてもう感動感涙。宿から歩いて行ける距離だったのに、最終日に行ってしまったことをどれだけ後悔したことか。あれなら毎晩でも食べたかったなぁ。

小時候冰菓室
台北市大安區大安路一段51巷39號
☎+886-02-8771-9521

未だに忘れられない
美味しさの台湾氷

夏だけオープンする マンゴーのかき氷屋

冰　讃

台湾は暖かい国なのでフルーツも豊富。そう一番はマンゴーでしょう！ とにかく台湾にあるかき氷屋さんで、マンゴーを食べて外れたことがないです。もうマンゴー自体がおいしいっていうのもありますが、ミルクの氷と合わせることが多いのだけど、ミルク氷とマンゴーを一緒に食べるともうたまりません。中でも、夏のマンゴーがシーズンの時期だけオープンするかき氷店【氷讃（ピンザン）】は、日本人にも有名。冬はお店をやっていないのだけど、夏だけで食べていけるの？ ってそっちにも興味がわく（笑）。

冰讃
台北市大同區雙連街２号　☎＋886-2-2550-6769
※毎年４月中旬〜10月頃までのシーズン限定営業

マンゴーのおいしさに驚いた！

GOMAN MANGO

2019年に行った【GOMAN MANGO（ゴーマンマンゴー）】は、マンゴーを挿すスタイルのディテールもユニークなのですが、台湾中から厳選されたマンゴーを提供することが売りだけあって、とにかくマンゴーがおいしくてびっくり！ あまりにもおいしくて、この店に行ったあとはマンゴーに開眼してしまい、憑りつかれたようにマンゴーのかき氷を食べ漁ってしまいました。

GOMAN MANGO
台北市士林區福壽街９號　☎＋886-2-2832-7199

ムースミルクのインパクトが凄いドラゴンフルーツのかき氷

小丘chiu

そして台湾といえば親日家。日本食のお店はもちろん、かき氷も親日のようで“日式”といって日本のスタイルを取り入れたかき氷もたくさんあります。地元の若者が夜でもお店の前に入店待ちする【小丘chiu（シャオチウ）】は、日本風のカレーやかき氷で人気。私が食べたドラゴンフルーツのかき氷は、ピンクで色鮮やかな垂れそうで垂れない絶妙なムースソースがトップに乗せてあり、すくって食べても崩れないのが不思議！ こんな形なのに垂れずに最後までおいしく食べられちゃうのです。中にもゴロゴロとドラゴンフルーツが入っていて大満足。

小丘chiu
台北市大安區泰順街40巷2號1樓
☎＋886-972-445-034

日本式をうたうユニークなかき氷屋

好想吃冰

日式かき氷の中でもインパクト大で面白かったのが【好想吃冰（ホンシャンシンビーン】のかき氷。こちらも日式かき氷を展開しているのですが、「黒部立山」という名前のかき氷。そう、あのダムで有名な黒部立山。そのイメージで作られたものなのか、どんなかき氷なのだろうと想像しつつ登場したのは、見たことない形！ 黒ゴマのシロップがまんべんなくしみ込んだかき氷が細く高くそびえ立っている。後にも先にもこんな形のかき氷は見たことない。この発想が面白い！ 豆乳ベースの黒ゴマアイスに、ピーナッツソース。アクセントにピーナッツも添えられていて、食べて飽きないエンターテイメントなかき氷。日本にはこの発想はないかもしれない。台湾のフィルターを通した日本式ってことなのだろうけど、新鮮で刺激的。面白すぎるよ台湾。

好想吃冰
台北市大安區溫州街80號　☎＋886-2-2366-0115

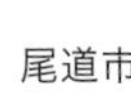

あくびカフェー

あくびかふぇー

大人のキャラメルかき氷（715円）

レトロな雰囲気の店内で食べるかき氷

尾道にある古民家をリノベーションして作られた人気ゲストハウス『あなごのねどこ』に併設されている、レトロな雰囲気の『あくびカフェー』。夏限定で登場するかき氷も、どこか懐かしいガラスの器に盛り付けられてレースペーパーが敷いてあるレトロスタイル。季節のフルーツを使ったシロップも色々ありますが、中でも「大人のキャラメルかき氷」がオススメ。ほろ苦さがたまらないキャラメルソースがたっぷりかかっていて、中にはバニラアイスが入っています。このキャラメルソースがおいしくて、今でも忘れられないのです。実はこのお店を作る最中に行なわれた「漆喰で壁を塗るワークショップ」に参加してまして、喫茶の壁の一部を塗った思い出もあったり……。

Data
尾道市土堂2-4-9　050-5240-3127
㈬月〜金曜11：00〜17：00　㈭水・木曜　Ⓢ

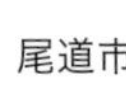

AIR CAFÉ（光明寺會館）

えあかふぇ（こうみょうじかいかん）

尾道の桃（800円～）

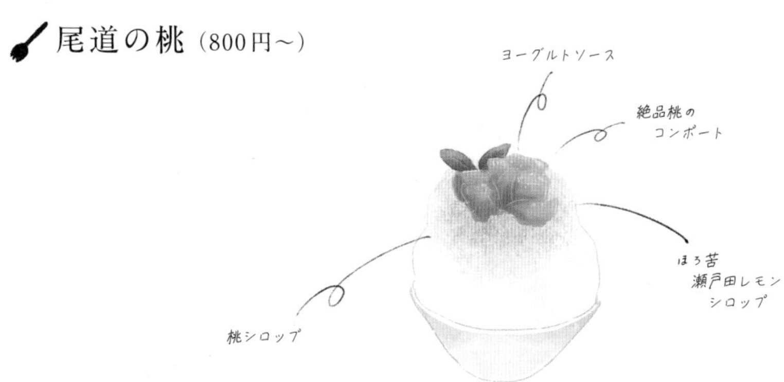

尾道産のフルーツを使ったシロップににんまり♪

映画『転校生』で、主人公の女の子が自転車で駆け上がるシーンで有名な跨線橋。そこを上がってすぐにある光明寺の近くに佇む『AIR CAFÉ』。夏にはおいしいかき氷をいただけます！　できるだけ尾道産のものを選んで手作りするフルーツシロップは、シンプルでありながら素材の風味が生かされてあり、どれを食べても外さないおいしさ。あいがけできるのも魅力的。山の手で風通しが良くて涼しく、これがまた心地よい。ここでかき氷を食べると、ちょっぴりタイムスリップしたかのような懐かしい雰囲気になるから好き。アーティストの個展やライブが開かれるなど、あらゆる情報の発信の場となっているので、それもまた楽しみなポイントです。

Data
尾道市東土堂町2-1　☎0848-51-5717
㊞11:00～18:00（LO17:30／ランチ営業～15:00）　㊡火・水・木曜　Ⓢ

御菓子所 勉強堂 東尾道暢適庵

おかしどころ べんきょうどう ひがしおのみちちょうてきあん

あんず（990円）

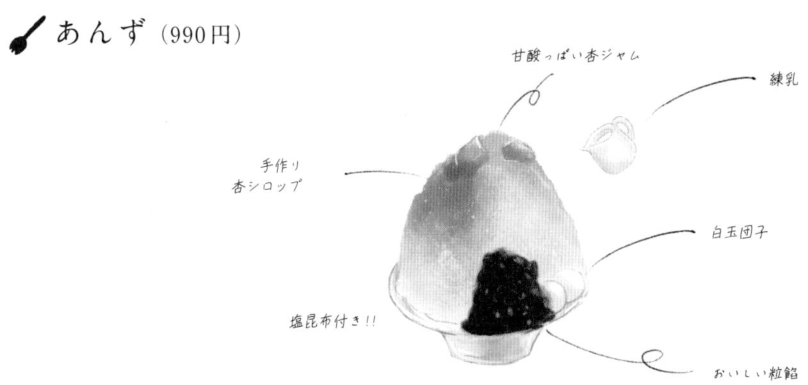

自家農園で育てる杏のシロップが激うま

東尾道駅近くにある和菓子屋さん。年中通して人気の「団子三昧」は、七輪がテーブルに運ばれてきたら自ら団子を焼いて、好きな焼き加減であんこやみたらしたれを付けて食べることができます。そして、かき氷。濃い抹茶シロップが上品な味わいで、ぜんざいのように塩昆布が付いてくる嬉しい気配りも。抹茶ももちろんおいしいですが、杏のシロップもオススメ！　福山は田尻という場所で杏の収穫が昔から行なわれていたそうで、勉強堂さんの自社農園でも杏を育てています。その杏を使って、シロップ漬けやピューレ、ジャムを作られているそうで、そのシロップが甘酸っぱくてさっぱりしていて美味！　ぜひとも食べてもらいたい一品です。

Data
尾道市高須町4795-1　☎0848-36-6225
㊡カフェ営業時間 11:00〜16:30（LO16:00）　㊡月曜（祝日の場合は営業、翌日休み）、不定　Ⓢ

Cafe しましま

かふぇ しましま

梨のかき氷（700円）

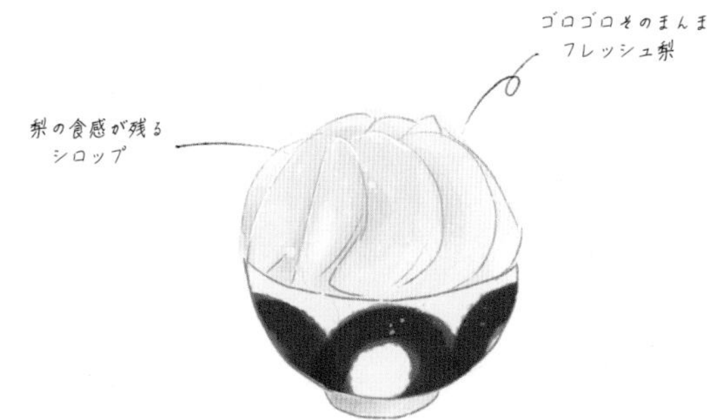

思い出のかき氷なんです！

尾道商店街にある『Cafe しましま』は、紅茶と自転車をテーマにしたカフェ。入口にはロードバイクを駐車できるスペースもあり、サイクリストの憩いの場所でもあります。そんなしましまには、思い出が。私のかわいい姪っ子ちゃん２人を連れて尾道デートへ来たときに訪問。梨がたっぷりと乗ったかき氷と、はちみつがかかっているレモンティーのかき氷を仲良く３人でつついて食べたのです。２人とも夢中になって食べていたなぁと思い出します。カフェ自体が紅茶メインのドリンクを出されているだけあって、レモンティーのかき氷は本当においしかった！紅茶の風味が良くて、レモンのほろ苦さもほんのり。桃のかき氷をいつも食べそこなっているので、次こそは！

Data
尾道市土堂2-4-1　0848-51-4315
㊎11:00〜18:00　㊡木・金曜　Ⓢ

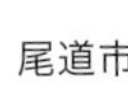

甘味茶房 totoan

かんみさぼう ととあん

尾道夏雲とオノミチ散歩（1320円）

水を一滴も加えず作る濃厚シロップ

尾道の本通りにある甘味処。本わらび餅や葛切りなど、甘味に欠かせないメニューや、石臼を使って自分で挽くことができるきな粉が名物。ゴリゴリゴリっと自らの力で挽くきな粉は香りもよくて絶品です。本物にこだわるかき氷もおいしくて、尾道に行くと必ずふらっと立ち寄るほど大好き。オススメのシロップはいろいろありますが、中でもお気に入りは、ふんわりと削られた素氷に、好みでシロップをかける「尾道夏雲とオノミチ散歩」。季節によって変わる5種のシロップが付いてきます。シロップは水を一滴も使わず、丁寧に素材の水分だけを活用して作っているそうで、フルーツの風味が濃厚でしっかりとおいしさが引き出されています！

Data

尾道市土堂1-10-2　☎0848-22-5303

㊫平日 11：00〜17：00（LO16:30）、土・日・祝日 11:00〜17:30（LO17:00）　㊡水・木曜　Ⓢ

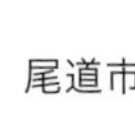

甘味処 尾道さくら茶屋

かんみどころ おのみちさくらちゃや

極み きな粉（990円）

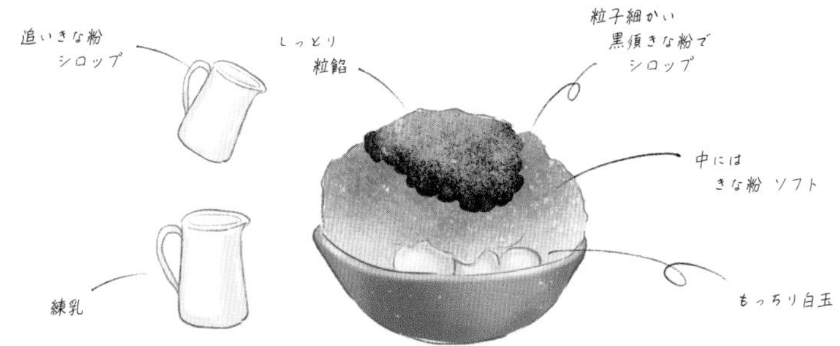

きな粉の風味が存分に楽しめるかき氷

観光客でいつも賑わう人気店。京都で修業されたオーナーが始めたさくら茶屋は、保存料や添加物を使わないこだわりの甘味ばかり。かき氷も懐かしさを感じる抹茶やきな粉がメニューに。私が食べた「極み きな粉」は、きな粉の風味が存分に味わえるかき氷。色々と食べ比べた結果選ばれたきな粉は、シロップにしたときのことを考えて、粒子が細かい黒須きな粉を使用しています。氷に沈まないで、しっかりときな粉の風味が感じられるシロップは、さすがの極み！　さらに、モチモチの白玉団子までついてきます。中からは、きな粉のソフトクリームが♪　最後まで満足できるよう、練乳にきな粉の追いシロップもプラス。間違いなくおいしいかき氷です。

Data
尾道市東御所町3-3　☎0848-23-5107
㊋11:00〜19:00　㊡火曜（月2回 水曜休み）　Ⓢ

KENDAMA ROCK CAFE BOUJI

けんだまろっくかふぇ ぼうじ

アッサムミルク氷（700円）

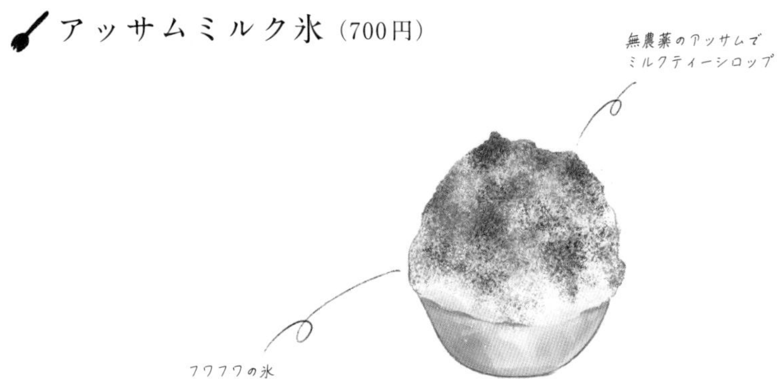

こだわりの無農薬紅茶使用のシロップ

実は、私「けん玉」も嗜んでおりまして、けん玉をするためによく通っております。けん玉をして汗をかいたらかき氷を食べるというルーティンが、お決まりコースです。そのかき氷ですが、年季の入ったかき氷機でふわふわとやわらかく削られていて、口どけがとっても良い！　シロップはフレッシュなイチゴを使って手作りしています。ここはぜひ「アッサムミルク氷」をオススメしたい。ふわふわの氷に、インドの無農薬紅茶を煮出して作ったロイヤルミルクティーのシロップがたっぷりとかかっています。店主のモリマコさんが、けん玉のレクチャーもしてくれるので、けん玉に挑戦したあとにかき氷をパクリ♪　体が冷えたら、こだわりのコーヒーを一杯オススメします。

Data

尾道市防地町11-15　☎090-4576-3730

㊐10:00-17:00（完全予約制）　㊡不定（電話かSNSにてお問合せください）　Ⓢ

てづくりケーキと喫茶のお店 佳扇

てづくりけーきときっさのおみせ かせん

キウイ（800円）

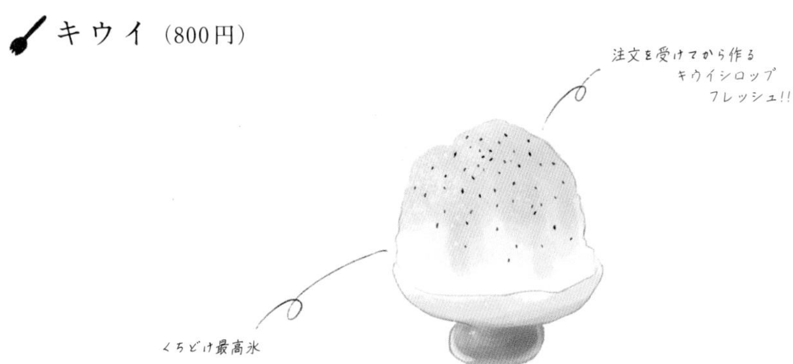

フレッシュフルーツと氷の相性抜群

ケーキやパフェなど季節限定の商品から、タルトや焼き菓子がそろう地元に根付いたケーキ屋さん。店主が数年前にふと思い立ち、かき氷を始めることに。「自分がおいしいと思うかき氷を食べたい！」という思いで、試行錯誤の末にフルーツを使ったかき氷が誕生。そのフルーツのシロップが本当に絶品なんです！　私が食べたのはキウイのかき氷。まず氷がやわらかくて、その口どけにうっとり。色も綺麗で、爽やかなキウイのシロップは注文を受けてから作るそうで、果肉感があって氷にまとう感じが最高なのです。さすがケーキ屋さんだけあって、シンプルだけどこだわりのあるかき氷。シロップの邪魔にならないよう、工夫を凝らして作られた練乳もオススメです。

Data
尾道市久保2-10-2　☎0848-20-7618
㊟10：00〜18：00　㊡第3日曜の翌月曜　Ⓢ

70cafe

ななまるかふぇ

紫蘇（シソ）（500円）

こだわりの紫蘇シロップに脱帽！

尾道の向島町立花にある『70cafe』は、海沿いにある絶好のロケーション！　車を持っていない私は、両親を誘ってドライブがてら来店。車を降りるやいなや、目の前に海が広がってとても気分爽快です。そんなカフェで食べるかき氷も、また最高！　私が食べたのは、「紫蘇（シソ）」。さっぱりとした酸味が暑い日にぴったりで、とてもおいしいシロップです。聞くと、青ジソと赤シソと２種のシロップが、２層にかけられていているそう。しかも、そのシソを無農薬で育てているそうで、びっくり！　店主のこだわりにいたく感動しました。氷もふわふわだったなぁ。海水浴客が楽しそうに水着でかき氷を買いにくるなど、いわゆる「夏らしさ」を満喫できるかき氷屋さんです♪

Data

尾道市向島町立花197-1　☎なし
㊖11:00〜16:00（4〜11月）　㊡水・日曜、祝日
15:00（12月〜3月）　水・木・日曜、祝日　Ⓢ

MUSK ＆U

むすく あんど ゆー

ネクタリン アールグレイ（テイクアウト800円／イートイン1000円 ※果肉などがプラス）

旬のフルーツとエスプーマの融合

尾道でバーとしてオープンしたお店ですが、店主のかき氷熱が高まり、2020年からかき氷をスタート。季節ごとに旬のフルーツを使ったシロップに、エスプーマをたっぷりと使ったスタイルのかき氷は、見た目にそそるフォルム！　初めて食べた「ネクタリン アールグレイ」は、クリーミーなエスプーマにアールグレイのパウダー、ネクタリンとアールグレイのシロップも上品で、とてもおいしくて感動。中には甘さ控えめの紅茶ゼリーが入っていて食べ応えもあるんです。「エスプーマは絶対に外せない！」と取り入れただけあって、ふわふわクリーミーなエスプーマが氷と相まって、本当にオススメです！　今後はお酒の入った大人なかき氷も出したいと聞き、ワクワク！

Data
尾道市土堂2-6-25　☎0848-38-1333
㊡12:00〜17:00　㊡不定　Ⓢ

YAMANEKO MILL

やまねこみる

広島砂谷牧場ヨーグルトとゴロっとブルーベリー（990円）

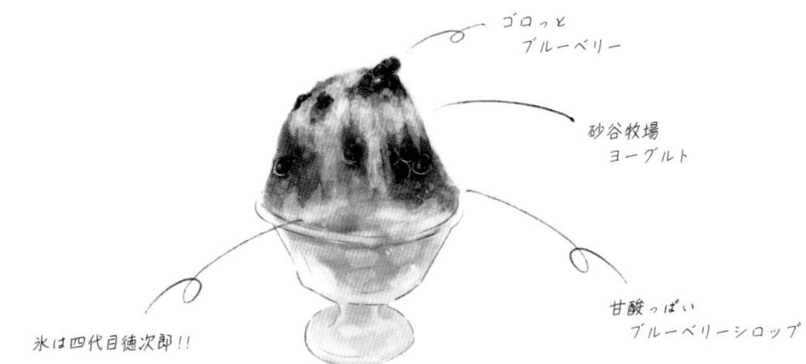

天然氷「四代目徳次郎」の氷に感動！

海が見えるオープンな場所に佇む『ヤマネコミル』さん。あの有名な天然氷「四代目徳次郎」の氷で、かき氷をされるということですぐに飛びつきました！　冬の間、ゆっくりと自然の力で凍らせた氷は不思議と溶けにくく、キーンってならないのです。何度か徳次郎さんの氷を食べましたが、食べ終わるまで水気が出ないから、本当にびっくり！　そんな貴重な氷で作るかき氷は、ふわふわと口どけが良くてうっとりです。そしてシロップは地元の食材にこだわって作られたもの。私は広島の砂谷牧場のヨーグルトとブルーベリーのかき氷を食べましたが、ヨーグルトとブルーベリーの相性は間違いなくおいしくて、甘さと酸味のバランスも絶妙。さっぱりおいしくぺろり平らげました。

Data
尾道市東御所町5-2　☎0848-36-5331
㊖11:00〜18:00　㊡月曜　Ⓢ

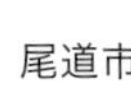

夕やけカフェ

ゆうやけかふぇ

黒蜜きなこ（400円）

海風を感じながら食べる絶品

海岸通りにある『夕やけカフェ』さんは、素材にこだわった国産大豆の豆腐を使ったドーナツがおいしいお店。ハート型でかわいいドーナツは、見た目もかわいらしくてお土産にもぴったり！　かき氷はテイクアウトのみで夏限定の販売だけど、初めて行ったときに何気なく買って食べたらおいしくてびっくり！　ふわふわっとやわらかく削られた氷は、口に入れた瞬間にスッとほどける感じがたまりません。お店で手作りしている黒蜜はコクがあって絶品！　安心して食べられるこだわりの素材を厳選していて、広島では馴染みのある自然食品のマルシマさんで作られている有機きな粉を使っているそう。海を眺めながら食べるかき氷は、また格別よ♪

Data
尾道市土堂1-15-21　☎0848-22-3002
㋮10：00～18：30　㊡火・水曜　Ⓢf

海外のかき氷食べてきた！ その2

韓国 お隣さんはかき氷パラダイス

お隣の韓国は、かき氷はもはや日常にあるスイーツ。冬は日本より寒いはずなのに、1年中食べられるお店もあります（うらやましい限り）。韓国のかき氷も色々な種類がありますが、昔からある伝統的なフルーツなどの具材を氷に混ぜてから食べるパッピンスが有名。他にもミルク味の氷の上にとろりと炊いたあんことお餅を乗せるスタイルも、昔ながらの韓国式かき氷。近年は混ぜて食べる以外のかき氷が主流となってきていて、ほんとにユニークなかき氷を行くたびに発見できるので、かき氷好きにはたまらない国なのです。

意外な組み合わせ 韓国定番のかき氷

雪　氷

韓国で知らない人はいないくらい、あちらこちらに点在しているお店【雪氷（ソルビン）】。どこで食べてもハズレがないのも魅力。定番のきな粉のかき氷は本当に絶品です！ ミルクの味がついた氷にたっぷりのきな粉が中にも外にも入っていて、香ばしいナッツと、小さいお餅がちりばめられていて、今思い出しただけでもよだれが出そうなほどお気に入り。きな粉がかき氷に合うのだという確信を持ったきっかけのかき氷でもあります。

雪氷
韓国に多数店舗有り

美しいフォルム
サラサラの氷

北海氷水

東大門で朝方までオープンしている【北海氷水(プッケピンス)】のかき氷は、とてもユニーク。まるで粉雪を食べているかのようなサラサラとした形状の氷が、美しい円すいに整えられていて、見た目から魅力的。あんこが一緒についてくるのですが、それをスプーンに取ってサラサラのミルク氷をすくって一緒に食べます。見た目以上にくちどけが最高でびっくりした忘れられないかき氷です。

北海氷水
ソウル特別市中区茶山路47キル28

韓国に訪れたら
絶対に食べたい

カフェオヤッコ

韓国でこれまで食べてきて印象的だったのは、【北村ピンス（現在はカフェオヤッコとして移転）】のかき氷。伝統的な建物が立ち並ぶ観光地北村地区にあって、店は韓屋をリノベーションして作られたカフェなんです。真鍮の器にくちどけの良いミルクの氷の上にびっしりと敷き詰められたグレープフルーツが乗ったかき氷は、本当にオススメ！ フルーツの酸味とミルクの氷の相性がバツグンでした。

カフェオヤッコ（旧北村ピンス）
ソウル特別市鍾路区敦化門路11ダキル15
02-762-8233

ナイフとフォーク 新感覚かき氷！

tiravento

【tiravento（ティラベント）】で食べたかき氷は、驚愕でした！ なんとナイフとフォークで食べるかき氷なんです！ 特殊な機械を使って、糸状の氷が長方形に形作られてあり、味の組み合わせも自由に選べて迷うほど。私が選んだのはソーダとヨーグルト。ソーダの演出なのか、上にはパチパチキャンディがのっていて氷にあたってパチパチ音がしていてそれもまた楽しい！ 想像を超える発想のかき氷がまだまだ世の中にはあるのだなぁとしみじみ。世界は広いぞ！ まだまだ新しい発見をしたくてウズウズしております。

tiravento
ソウル特別市龍山区緑莎坪大路26キル77-6 Ⓢ

アンカフェ 205

あんかふぇ にーまるご

そのまんま苺（750円）

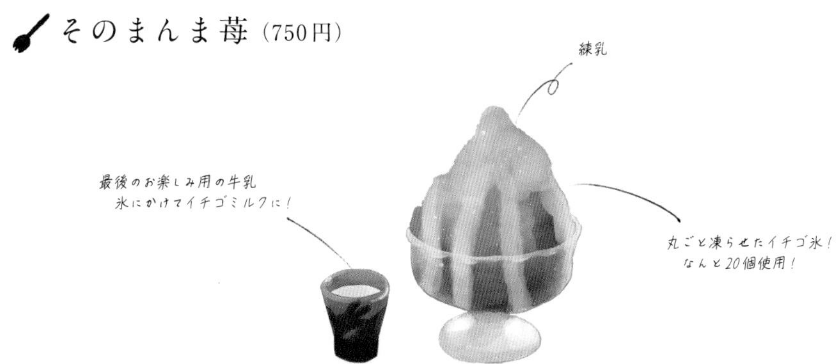

イチゴを丸ごと凍らせたかき氷

閑静な住宅街にあるカフェ。体に良いものにこだわって作られたケーキやランチが人気です。ここでいただいたかき氷は、イチゴを丸ごと使った「そのまんま苺」。なんと本当にイチゴを丸ごとそのまま水を使わずに凍らせて削ったものだそう！　このかき氷一杯に二十個くらいは使われているとか。ふわっと削られたイチゴ氷には練乳がたっぷり。イチゴが好きな方には夢のようなかき氷です。そして少しだけ牛乳が添えられてくるのですが、最後、食べ終わりちょっと前にその牛乳をかけて、いちごミルクとしてお召し上がりくださいと説明が。凄い！　二度楽しめるにくい演出です。他にも栄養価の高いスーパーフードを使ったケーキなどもお持ち帰り可能。

Data
福山市神辺町新湯野32-2　☎084-963-8166
㊖11：30〜17：00（LO16:30）　㊡月曜・第3火曜（祝日の場合は営業）不定休あり　Ⓢ

カフェ花歌

かふぇはなうた

ふわとろ氷ショコラ（700円）

食べるのがもったいないキュートなかき氷

自宅をカフェにしたアットホームな雰囲気のお店。開放感もあって、とても落ち着きます。そして、かき氷はかわいいクマさんのいで立ち♪　「ふわとろ氷ショコラ」は、濃厚なチョコレートの氷を手作りしていて、味がついた氷を削るタイプ。そのせいか、口当たりがやわらかくて、ふわっとしています。濃厚な味わいでありながら、後口はとてもスッキリでおいしい！　他にうさぎのイチゴミルクや、抹茶味もあります。店主もとてもホスピタリティのある方で、暑い日汗だくだくだった私を気遣ってくれて、心まで癒やされました。ランチやケーキもありますが、中でも色んなキャラクターを描いてくれるラテアートが人気。自分で描けるお絵かきラテもありますよ。

Data

福山市春日町6-26-3　☎084-917-5642

㊮9：30～17：00　㊡月曜・不定休あり　Ⓢ

Cafe Macro美与利

かふぇ　まくろびより

オーガニックかき氷　パイン（650円 ※トッピングアイス1つにつき200円）

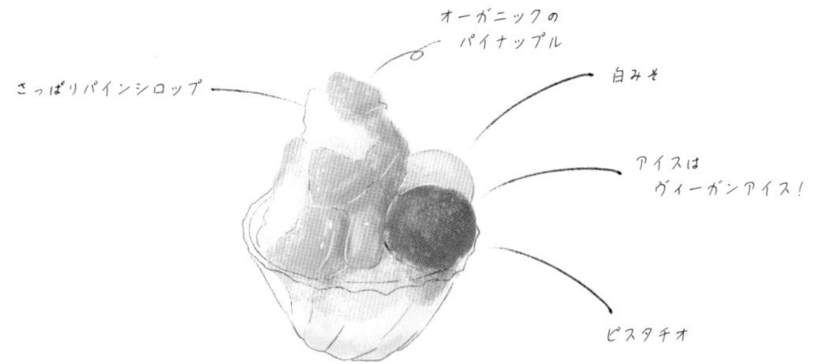

体に優しいかき氷と小鳥ちゃんに癒やされる

福山市備後赤坂にあるオーガニックにこだわるカフェ。グルテンフリーやヴィーガンにも対応されているランチやスイーツで人気。かき氷もオーガニックで、無農薬で育てられたフルーツを使って作られたシロップに、トッピングで好みのオーガニックアイスを付けられます。私はもちろんアイスもトッピング！　パイナップルのシロップに、ヴィーガンチーズ白味噌とピスタチオをチョイス。さっぱりとした酸味がちょうどよいパイナップルに、凍らせたパイナップルがごろごろっと。そして白味噌のアイスはコクがあっておいしかったです！　体に良いものを食べつつ、カウンター席から見えるたくさんのかわいい小鳥ちゃんに癒やされるのです♪

Data
福山市瀬戸町山北401−4　☎084-983-1513
㊂8：30〜17：00（LO16:30）　㊡火曜　ⓈⒾⓕ

こおりやtete

こおりや てて

いちごのショートケーキ（950円）

かき氷への愛情たっぷりの氷とシロップ

松永駅南口から真っすぐ歩いて約10分の場所にあります。夏場は朝から行列ができる人気のお店です。メニューがとっても豊富で、どれもおいしそうで何を食べようか迷っちゃいます。「いちごのショートケーキ」は、爽やかで酸味がさっぱりとした手作りのイチゴシロップが何層にもかけられていて、トップにはふんわりエスプーマが。愛情たっぷりに削られた氷は、フォルムがとても素敵！　どこから撮っても可愛いかき氷に、まずうっとりします。食べ進めていくと最後にチーズケーキが！　追いシロップが付いてくるのも嬉しい♪　店主は県外のかき氷屋さんを食べ歩いて勉強されていてるそうで、かき氷への愛情が感じられるオススメのお店です。

Data
福山市松永町5-7-5　☎084-933-1555
㊟11：00〜LO17:00 ※なくなり次第終了　㊡月曜　Ⓢ

十三軒茶屋

じゅうさんげんちゃや

エスプレッソミルク（1078円）

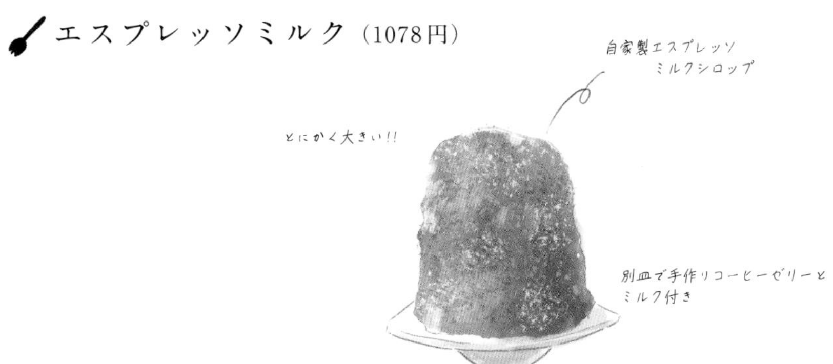

コーヒーにこだわる喫茶店のかき氷

サイフォンで淹れる自家焙煎コーヒーの香りが漂う地元の人に愛されている喫茶店。コーヒーにこだわる喫茶店ということで、かき氷は迷うことなく「エスプレッソミルク」を。サイズが「大」か「小」を選べるので、迷いなく「大で！」と頼んだわたくしですが、やってきたかき氷を見て驚愕。大の「大」具合が凄い！　さすがの私でも、途中で温かいコーヒーが飲みたくなりました。でも、それくらいのボリュームなので食べ応えも写真映えも最高ですよ！　自家製エスプレッソのシロップもおいしくて、手作りのコーヒーゼリーのトッピングも付いています。他にも季節限定のかき氷や、因島店、千田店、神辺店限定のかき氷もあってシロップの選択肢も豊富。「大」を制覇しに、また行きたい！

Data

福山市神辺町十三軒屋190-3　☎084-960-0044
㊔9:00〜19:00　㊡不定　Ⓢ

松永かき氷 ラックア

まつながかきごおり らっくあ

ほうじ茶ミルク（700円）

深層天然水の氷と天然シロップ

松永駅の北口を線路沿いに歩いて5分。過去に同じ場所で人気のかき氷店があったと知ったかき氷好きの店主が、2020年12月にオープンしたかき氷専門店。氷は長野県の深層天然水を使ったこだわりのもの。シロップも着色料や人工甘味料を使わない天然シロップを厳選。中でも「ほうじ茶ミルク」がおいしかった！　ふわふわっと削られた氷にまんべんなくかけられた練乳と、口当たりのいい粒子の細かいほうじ茶パウダーをまとわせた一品。一口食べた瞬間ほうじ茶の苦みが舌にあたって香りも良い。ミルクシロップとほうじ茶のバランスが絶妙で、口の中がほうじ茶ミルクに。季節に合わせたメニューも増えていくということで、これからが楽しみ♪

Data
福山市松永町1-9-2　☎084-939-9377
㊥10:30〜17:00　㊡土・日曜、祝日（不定期オープン時あり）

INDEX

（50音順）

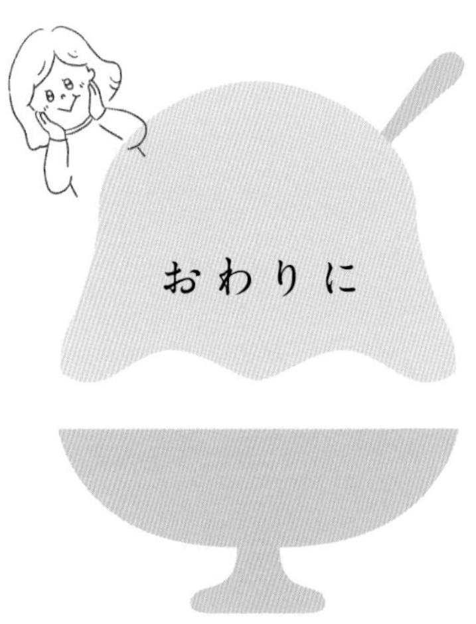

おわりに

この本を手に取っていただき本当にありがとうございます。

食べ歩き始めた当初から、かき氷の様子はどんどん進化し続けていて、まだまだ新しい発見や驚きの連続です。そんな大好きなかき氷を紹介できるきっかけをいただいて、私は幸せ者だなとしみじみしております。

取材のためにあちこち連れて行っていただき、バクバクかき氷を食らう私を横目に付き合ってくれた堀友さん。編集やデザインをしていただいたスタッフの皆様。素敵なイラストを描いてくれたほそいまさこさん。海外へのコンタクトに協力してくれたSunny君、鄭美子さん、食べ歩きに付き合ってくれた家族、友達のみんな。

本当にありがとうございます！

そして、おいしいかき氷を世に送り出してくれた、お店の方々に心から感謝の気持ちを送りたいです。
アイデアと愛情がつまったかき氷は、夏だけのものにするのはもったいない！ と常々思っております。
広島のかき氷がこれからますます盛り上がっていくと嬉しいな！

広島の愛しのかき氷

令和3年4月10日　初版発行

著　者　園田美穂（そのだ・みほ）

広島県三原市在住。「かき氷愛好家」として、日本や海外のかき氷を500種以上食べ歩いた。
「道の駅 みはら神明の里」のレストラン、キッチンルマーダのかき氷を監修している。

Instagram
@itoshinokakigori

発行人　田中朋博

編　集　堀友良平
北村敦子

デザイン　村田洋子

イラスト　ほそいまさこ

協力　呉咏炘"Sunny"
鄭美子

DTP　濱先貴之

校　閲　菊澤昇吾

販　売　細谷芳弘

印刷・製本　株式会社中本本店

発　行　株式会社ザメディアジョン
〒733-0011 広島県広島市西区横川町2-5-15
TEL：082-503-5035　FAX：082-503-5036

※写真は2018年1月～2021年1月で撮影し、許可をいただいたものを掲載しています。
季節や仕入れ状況などにより掲載内容と異なる場合があります。あらかじめご了承ください。
※メニュー表記は店舗の表記に従って掲載しています。値段は消費税込みの料金です。
※通常の休みを掲載しています。年末年始・ゴールデンウィーク・お盆休みなどについては直接お問い合わせください。
※掲載データは2021年3月1日現在のものです。本誌発売後、お店の都合により変更される場合があります。その場合はご了承ください。
※落丁本、乱丁本は株式会社ザメディアジョン販売促進課宛てにお送りください。送料小社負担でお取り替え致します。

ISBN978-4-86250-712-9